AF224128

BÉTHUNE ET DUCKETT, DIRECTEURS-GÉRANS,

Rue de Vaugirard, 36.

NOTICE BIOGRAPHIQUE

SUR SA MAJESTÉ

LOUIS-PHILIPPE IER,

Roi des Français.

Extrait du tome 36 du

Dictionnaire de la Conversation et de la Lecture.

IMPRIMERIE DE BÉTHUNE ET PLON, RUE DE VAUGIRARD, 36.

LOUIS-PHILIPPE Ier, roi des Français, né le 6 octobre 1773 , peut être regardé à la fois comme le représentant de la révolution de 1789 et de celle de 1830: en lui se personnifient les idées de liberté et de progrès qui ont amené ces deux crises politiques, et c'est à ce titre que la France a pu l'adopter. Après avoir, dans sa jeunesse, donné à l'ordre nouveau qui s'établissait des gages irréprochables, il n'en a pas moins été victime des excès dont notre première révolution a été le prétexte. Comme les princes de la branche aînée, il a connu l'exil et les privations ; et à son retour, s'il n'avait personnellement rien à faire oublier, il avait beaucoup appris. Connu d'abord sous le titre de duc de Valois, il prit celui de duc de Chartres à la mort de son aïeul. A trois ans (1776), il reçut les provisions de gouverneur de Poitou. Son éducation fut commencée par le chevalier de Bonnart, homme de cour d'un esprit agréable et cultivé. Par une singularité qui ferait événement même aujourd'hui, le duc de Chartres donna ensuite à M. le duc de Valois et à ses jeunes frères, MM. de Montpensier et de Beaujolais, une femme pour *gouverneur*. Il est vrai que cette femme était madame de Genlis, qui ne négligea rien pour former le cœur et orner l'esprit de ses élèves. Il était naturel que ses soins s'adressassent plus particulièrement à l'aîné. Au reste, nous laissons parler l'institutrice elle-même : « Combien de fois depuis ses malheurs je me suis félicitée de l'éducation que je lui ai donnée ; de lui avoir fait apprendre dès l'enfance les principales langues modernes ; de l'avoir accoutumé à se servir seul, à mépriser toute espèce de mollesse , à coucher habituellement sur un lit de bois, recouvert d'une simple natte de sparterie ; à braver le soleil, la pluie, le froid, à s'accoutumer à la fatigue, en faisant journellement de violents exercices, et quatre ou cinq lieues, avec des semelles de plomb à ses promenades ordinaires ; enfin , de lui avoir donné de l'in-

struction et le goût des voyages ! » Avec une telle éducation, le jeune prince pouvait perdre tout ce qu'il devait à sa naissance et à sa fortune. Il lui restait ces précieux avantages qui en rehaussent l'éclat aux yeux des hommes sans préjugés. En 1787 , il accompagna le duc et la duchesse d'Orléans dans un voyage à Spa : il était alors dans sa quatorzième année. En revenant, il s'arrêta à Givet pour voir le régiment de Chartres-infanterie ; dont il était colonel – propriétaire. L'année suivante, dans un voyage qu'il fit en Normandie, il visita le mont Saint-Michel , et fit détruire la cage de fer où un gazetier de Hollande fut enfermé pendant 17 ans, pour avoir écrit contre Louis XIV. Quand éclata cette révolution dans laquelle son père fut poussé à jouer un rôle qui l'entraîna au fond du même abîme que son infortuné cousin Louis XVI , il était naturel que le duc de Chartres en adoptât les principes : il le fit avec l'enthousiasme de la jeunesse ; mais avec une parfaite droiture de sentiments, et sans s'aveugler sur les sacrifices que le nouvel ordre de choses allait coûter à la dignité princière. Dès le 9 février 1790, les trois fils du duc d'Orléans, MM. de Chartres , de Montpensier et de Beaujolais , se rendirent en uniforme de la garde nationale au district de Saint-Roch. Le duc de Chartres , prenant la plume pour signer, vit qu'on avait chargé le registre de tous ses titres ; il les raya , et inscrivit à la place, *citoyen de Paris*. Il concourut ensuite pour la place de commandant du bataillon de Saint-Roch ; il ne l'emporta point : ce mauvais succès ne le découragea pas. Il y puisa , au contraire , un surcroît d'émulation. Il venait d'être affilié à une association bien respectable, dont le vertueux duc de Charost, mort en 1800, maire d'un des arrondissements de Paris, était le fondateur : c'était la *société philanthropique* ; et pour le jeune prince, la bienfaisance et la philanthropie n'étaient pas de vains mots. Des actions charitables et humaines avaient ;

durant le cours de son éducation, signalé toutes ses journées : on lui avait appris non seulement à donner, ce qui n'est pas un grand mérite chez les princes, mais à donner avec discernement. Le 1er nov. 1790, il fut reçu membre du club des *amis de la révolution* à Paris. Colonel-propriétaire du 14e dragons, il n'hésita pas à en prendre le commandement effectif dans un moment où d'autres saisissaient la moindre occasion de se soustraire à toute responsabilité. Il se rendit à Vendôme, où son régiment était en garnison. Là, il se signala par une action pleine de courage et d'humanité. Le 23 juin 1791, jour de la Fête-Dieu, deux prêtres réfractaires aux décrets de l'assemblée eurent l'imprudence d'insulter au Saint-Sacrement porté par des ecclésiastiques assermentés. Le peuple voulut les pendre ; mais le duc de Chartres, seul de sa personne, prend sous sa protection ces deux malheureux, et, après des efforts inouïs, il les arrache des mains des furieux. Le peuple veut que sur-le-champ ils quittent à pied la ville ; le duc de Chartres, que viennent de rejoindre quelques dragons sans armes, continue de protéger les deux prêtres. A un mille de Vendôme, on rencontre un pont ; la multitude veut les jeter à l'eau ; le prince persiste à les sauver. Des paysans armés surviennent en poussant des cris de mort. Voyant que les prières sont inutiles, il propose de les ramener dans la ville pour les constituer en prison. Cette proposition ne passe qu'après de violents débats. Enfin, le duc de Chartres l'emporte, et l'incarcération des deux prêtres, qu'il est obligé d'opérer lui-même, pour ne pas les livrer à cette populace menaçante, calme enfin le tumulte et l'effervescence. La municipalité en corps vint remercier le prince, et consigna ces faits dans un procès-verbal, que l'on appela dans le temps la *couronne civique de Vendôme*. (Cette couronne, précieusement gardée par les Vendômois, a été remise à Mme la duchesse d'Orléans à son retour en France en 1814 ; et cette princesse, devenue reine des Français, la conserve aujourd'hui précieusement.) Le nouveau serment exigé des officiers par les décrets de l'assemblée nationale venait d'être envoyé à tous les régiments. Sur les 28 officiers du 14e de dragons, sept seulement le prêtèrent ; mais, grâce au zèle du duc de Chartres, la discipline n'en souffrit point. Appelé à Valenciennes au mois d'août 1791, il y passa l'hiver, remplissant les fonctions de commandant de la place, comme le plus ancien colonel de la garnison (son brevet était du 20 octobre 1785). En 1792, la guerre ayant éclaté contre l'Autriche sur cette frontière, le duc de Chartres se signala sous les ordres du général Biron, en 1792, aux combats de Boussu et de Quaragnon. A l'affaire de Quiévrain, il parvint à rallier les troupes, saisies d'une terreur panique. Le brevet de maréchal-de-camp (7 mai) fut la récompense de ce brillant début militaire. A la tête d'une brigade de cavalerie, il combattit sous les ordres de Luckner, et assista à la prise de Courtrai. Promu au grade de lieutenant-général, le 11 septembre suivant, il fut désigné pour aller commander à Strasbourg ; mais il demanda à rester dans l'armée active. Le 20 du même mois, il se couvrit de gloire à la bataille de Valmi, en défendant avec une rare intrépidité pendant toute la journée une position difficile, et en butte à tous les efforts de l'ennemi. On lui proposa en récompense un commandement supérieur, mais d'organisation, dans le département du Nord : il refusa encore, préférant combattre dans cette armée active, qui semblait devoir lui offrir une plus brillante carrière ; et n'était-ce pas tout naturel chez un prince de 19 ans qui n'avait pas été élevé pour l'oisiveté, de préférer la vie des camps à la vie sédentaire ? Alors en effet la république était proclamée ; le prince n'avait pu, n'avait même pas dû, comme fils, hésiter à lui prêter serment : toute hésitation de sa part aurait hâté l'imminence des périls qui planaient déjà sur la tête du duc d'Orléans son père. Que dis-je ? le duc d'Orléans n'existait plus, il avait perdu son état civil ; il n'était plus (ainsi que son fils), que le citoyen *égalité*, et ce nom seul prouvait que dans ce malheureux pays de France l'égalité n'existait plus pour personne, et encore moins pour les princes qui, malgré leur naissance, avaient embrassé la cause nationale. Entouré d'espions, calomnié par tous les partis, suspect à ces intrigants et à ces intrigués, à ces dupes et à ces frippons qui se disputaient les lambeaux de la patrie, il passait la vie la plus inquiète et la plus agitée. Il n'est pas jusqu'à sa politesse de prince dont les farouches commissaires de la convention ne lui fissent un sujet de suspicion. Dans une telle position, le duc de Chartres n'était sans doute heureux que dans l'activité des mouvements militaires; et peut-être plus d'une fois les périls du champ de bataille lui apparurent-ils comme un refuge. Après ce nouveau refus d'un commandement supérieur, il passa un instant à l'armée du général Luckner, puis à celle de Belgique, commandée par Dumouriez. C'est là qu'il devait pour jamais inscrire son nom dans les fastes militaires de la France. Le 6 novembre, à la glorieuse journée de Jemmapes, le duc commandant la division du centre, préserva l'armée d'un grand désastre, et changea tout à coup une honteuse déroute en un triomphe complet. Il ramena sur le champ de bataille de nombreux régiments qui fuyaient en désordre; et à la tête d'une colonne connue sous le nom de *bataillon de Mons*, il rétablit le combat : la conquête de la Belgique fut le prix de cette journée. Mais la république française, qui, du moins sous ce rapport, ressemblait aux républiques anciennes, ne paya le duc de Chartres que par un décret de proscription. A la suite de la victoire de Jemmapes, il était accouru à Paris sur une lettre de son père, pour accompagner jusqu'à la frontière sa sœur, aujourd'hui Mme Adélaïde, qu'un voyage en Angleterre faisait considérer comme émigrée, et qui avait reçu du gouvernement français l'ordre de quitter le territoire de la république. Ce devoir fraternel rempli, il resta à Tournai auprès de la princesse, pendant quelques

jours, et y apprit le décret que la convention nationale venait de prononcer contre tous les membres de la famille des Bourbons, sans exception. La première résolution du duc de Chartres fut alors de se rendre en Amérique avec les siens. Il adressa à ce sujet à son père un projet de lettre pour la convention; mais le duc d'Orléans, qui voyait jour à faire révoquer ce décret pour lui-même, pour la duchesse son épouse et pour ses fils, s'opposa formellement à cette démarche. M. de Chartres respecta cet ordre, et il n'en fut plus question. On ne peut nier toutefois que, dans cette occasion, le jeune prince n'eût montré cette haute sagacité qui, en pressentant l'avenir, parvient parfois à en dissiper les dangers. Il comprenait que la révocation du décret contre sa famille serait un véritable malheur, parce qu'il était évident que le nom d'Orléans, ayant été une première fois déclaré suspect et dangereux, ne pourrait plus être utile à la patrie, et serait infailliblement persécuté. D'après tout ce qui s'était dit à la convention, d'après tout ce qui s'imprimait dans les journaux de la montagne, rien n'eût été plus facile au prince que de s'imposer un exil volontaire, afin de prévenir par cette mesure une proscription inévitable. Vertueux par principes et par caractère, étranger à toute vue ambitieuse, le duc de Chartres n'avait dans ce parti vu rien de trop pénible. « Si nous ne pouvons être utiles, avait-il dit, et si nous causons de l'ombrage, pouvons-nous hésiter à nous expatrier? » Affranchi donc, ainsi que son père, du décret de proscription, le jeune prince reparut à l'armée, et se distingua au siége de Maestricht, sous les ordres du général Miranda. Le 18 mars 1793, il commanda le centre de l'armée française à la bataille de Nerwinde, fit sa retraite en bon ordre, après la déroute de nos troupes, et empêcha par sa belle contenance à Tirlemont que ce grand revers ne devînt encore plus désastreux pour nos armes. Treize jours après (31 mars) eut lieu la défection de Dumouriez. On a beaucoup écrit sur cet événement, défiguré tour à tour par les écrivains des différents partis ! Suspect à la convention, battu à Nerwinde, Dumouriez n'avait que l'alternative ou de se laisser arrêter à la tête de son armée ou de fuir : il prit ce dernier parti avec les généraux signalés comme lui aux rigueurs du parti dominant. Le 2 avril, il avait intercepté un paquet rempli de mandats d'arrêt contre presque tous les officiers généraux de son armée, MM. de Chartres, de Valence, etc. Ces ordres arbitraires, envoyés par un simple comité et non par la convention, étaient signés *Duhem*. On pouvait très légitimement se soustraire à cet inqualifiable despotisme. Ce qui a compliqué la question, ce sont tous les mensonges, toutes les exagérations qu'alors et depuis mit en avant ce Dumouriez, qui était surtout un vrai fanfaron d'intrigues. Nous n'hésiterons pas à mettre au nombre de ces fanfaronnades le projet dont il se fit honneur d'abolir le système républicain et de créer une monarchie constitutionnelle en faveur du duc de Chartres. Bien des gens ont pensé qu'il avait conçu ce projet, et il est certain que, dans l'armée, comme parmi les modérés de l'intérieur, le prince en faveur duquel on faisait de l'ambition aurait trouvé une foule de partisans. Mais à ce plan il ne manquait qu'une chose, l'assentiment du principal intéressé, trop consciencieux pour vouloir usurper une couronne qui venait de tomber dans le sang, trop bon fils pour autoriser des démarches dont la tête de son père aurait été l'otage ; enfin, trop éclairé, trop prudent, malgré son extrême jeunesse, pour se faire l'instrument des projets ambitieux et mal conçus d'un homme tel que Dumouriez. Au reste, qu'il ait connu ou ignoré les véritables desseins de ce général, le duc de Chartres fut contraint de lier un instant son sort à celui de Dumouriez grâce à l'espèce de solidarité que la convention affectait d'établir entre eux, et à la défaveur que les meneurs de l'époque attachaient alors au titre de prince. En s'abstenant d'ailleurs de suivre Dumouriez, aurait-il évité la cap-

tivité sur le sol français ? et dans cet état de suspicion, absent ou non de France, il n'eût influé en rien pour ou contre la destinée de son père, sous les pas duquel le sol commençait à fléchir, jusqu'au moment où il tomba tout vivant dans ce même abîme qui avait dévoré Louis XVI. —Le duc de Chartres se rendit d'abord à Mons, au quartier-général autrichien, pour y demander des passeports. Le prince Charles lui proposa vainement de s'attacher au service de l'empire : le soldat de Jemmapes refusa de combattre contre sa patrie. Il gagna la Suisse, où déjà mademoiselle d'Orléans l'avait précédé avec madame de Genlis. Il les rejoignit à Schaffouse, d'où ils partirent le 6 mai. Arrivés à Zurich, où ils comptaient s'établir, quand il fallut que les illustres proscrits se fissent connaître aux magistrats, le nom d'Orléans rompit cet arrangement. D'un côté, l'aristocratie helvétique, se croyait menacée par la présence d'un général républicain, que sa haute naissance n'avait pu préserver des opinions démocratiques ; de l'autre, les émigrés royalistes témoignaient l'éloignement le plus prononcé au prince et à son intéressante sœur. Il fallut partir. A Zug, où les trois exilés se présentèrent comme une famille irlandaise, ils vécurent, à la faveur de cet incognito, durant quelques semaines dans la plus parfaite tranquillité ; mais des émigrés passèrent à Zug ; ils reconnurent le duc de Chartres pour l'avoir vu à Versailles : le même jour, toute la ville sut quels hôtes elle avait accueillis sans le savoir. Les magistrats se conduisirent avec la plus grande honnêteté, et témoignèrent un extrême désir de conserver dans leur canton des personnes qui, disaient-ils, en faisaient l'édification à tous égards par leur conduite. Mais bientôt les gazettes allemandes et suisses donnèrent au séjour du duc de Chartres et de sa sœur à Zug une publicité qui commença à inquiéter les magistrats de cette cité. On écrivit de Berne à ces derniers pour leur faire des reproches. Le premier magistrat de Zug finit par faire entendre au prince et à Mlle d'Orléans, avec tous les ménagements possibles, qu'ils eussent à chercher une autre retraite. Dès ce moment, le prince reconnut la nécessité cruelle de se séparer de sa sœur, pour lui assurer un asile moins éphémère. L'intervention de M. de Montesquiou, retiré à Bremgarten, et qui jouissait du plus grand crédit en Suisse, n'aboutit qu'à faire entrer la princesse et sa gouvernante dans le couvent de Sainte-Claire ; et encore ce fut en cachant leurs véritables noms. « Pour vous, dit-il au duc de Chartres, il n'y a d'autre parti à prendre que celui d'errer dans les montagnes, de ne séjourner nulle part, et de continuer cette triste manière de voyager jusqu'au moment où les circonstances se montreront plus favorables. Si la fortune vous redevient propice, ce sera pour vous une *Olyssée* dont les détails seront un jour recueillis avec avidité. » Le duc de Chartres suivit ce conseil et se sépara de sa sœur chérie. Il parcourut à pied les divers cantons de la Suisse, explora la cime des Alpes, et, quoique réduit à de faibles ressources pécuniaires, fit servir ses pénibles voyages à son instruction, en même temps qu'il y trouva la source d'une foule de jouissances qu'il avait jusqu'alors ignorées. Au milieu de ses courses, il reçut une lettre du général Montesquiou, qui lui proposait une place de professeur au collége de Reichenau, dans le pays des Grisons. Il accepta cette offre, qui faisait également honneur à son caractère et à son éducation, subit un examen préalable, et pendant huit mois enseigna, sous le nom de Chabaud-Latour(1), et sans être reconnu, la géographie, l'histoire, les langues française et anglaise, et les mathématiques. Il ne réussit pas seulement comme instituteur,

il inspira une telle estime aux habitants de Reichenau qu'ils le nommèrent leur député à l'assemblée de Coire. C'est alors qu'il apprit la mort tragique de son père. Peu de temps après, le nouveau duc d'Orléans quitta Reichenau, et se rendit à Bremgarten auprès de M. de Montesquiou, où il demeura sous le nom de Corby, et avec le titre d'aide-de-camp, jusqu'à la fin de 1794. Mais un prince peut-il jamais rester caché? A défaut de sa personne, dont on ignore l'asile, l'intrigue et le mensonge font agir et exploitent son nom. Tandis qu'en France un parti peu nombreux et peu remuant rêvait toujours la monarchie constitutionnelle avec le duc d'Orléans, les gazettes allemandes le faisaient vivre fastueusement et mollement dans un palais que le général Montesquiou avait, disait-on, fait bâtir à Bremgarten ; et cependant, le prétendu Corby manquait d'argent ainsi que son général, et tous deux menaient l'existence la plus modeste ! — Délivré du soin de veiller de près sur la sûreté de sa sœur, qui venait de quitter le couvent de Bremgarten et d'obtenir un asile en Hongrie auprès de la princesse de Conti sa tante, le duc d'Orléans résolut de se rendre à Hambourg pour passer en Amérique. A son arrivée dans cette ville, il fut contraint, par l'exiguité de ses moyens pécuniaires, de renoncer à son voyage d'outre mer ; et, fatigué d'une oisiveté stérile, il résolut de parcourir les contrées septentrionales de l'Europe. Une faible lettre de crédit sur un banquier de Copenhague devait suffire aux dépenses de l'illustre voyageur, éprouvé déjà par tant de privations. Dans cette capitale, il obtint comme gentilhomme suisse des passeports pour voir le pays en liberté. Après avoir visité à Elseneur le château de Cronenburg et le jardin d'Hamlet, il passa le Sund, parcourut la Suède méridionale jusqu'au lac Vener, et séjourna à Friderisckhall, lieu témoin de la mort de Charles XII. Arrivé en Suède, il hâta son départ de Drontheim, malgré l'accueil honorable et obligeant qu'il reçut partout, sans même

---

(1) C'était le nom d'un gentilhomme protestant, qui a été en 1815 député, et l'un des propriétaires du *Journal des Débats*. Le certificat de bons et utiles services délivré au prince en sortant du collége de Reichenau porte ce nom de Chabaud-Latour ; et ce n'est pas une des pièces les moins honorables que la maison d'Orléans peut conserver dans ses archives.

qu'on soupçonnât son rang. Longeant la côte jusqu'au golfe de Salten, il visita le Maelstrom, le plus dangereux des écueils de ces parages, puis voyagea à pied avec des Lapons jusqu'au cap Nord, où il arriva le 14 août 1795. De cette contrée, située à 18 degrés du pôle, il revint par la Laponie à Tornéo, à l'extrémité du golfe de Bothnie. L'arrivée de ces deux voyageurs français (car le duc d'Orléans était accompagné du comte Gustave de Montjoye) surprit les habitants du lieu où la munificence du roi Louis XV avait envoyé Maupertuis en 1736, pour mesurer un degré du méridien sous le cercle polaire. Le duc d'Orléans venait de s'approcher de 5 degrés plus près du pôle. Il parcourut ensuite la Finlande, pour y étudier le théâtre de la dernière guerre entre les Russes et les Suédois sous Gustave III. Il ne franchit pas le fleuve Kymène, dont le cours séparait alors les dominations suédoise et russe. Les dispositions politiques de l'impératrice Catherine, qui régnait alors, ne pouvaient inspirer au duc d'Orléans aucune confiance pour sa sûreté personnelle : aussi, traversant les îles d'Aland, se rendit-il à Stockholm. Là, dans un bal de la cour, où il avait cru pouvoir assister *incognito* dans une des tribunes les plus élevées, il fut reconnu par l'envoyé de France, qui dit au comte de Sparre, chancelier de Suède : « Vous me cachez quelques-uns de vos secrets : vous ne m'aviez point dit que vous aviez ici le duc d'Orléans? » Le chancelier ne pouvait croire à ces paroles. « Il y est si bien, reprit l'envoyé, que le voilà là haut. » Le fait vérifié, le comte de Sparre témoigna au prince que le roi et le duc de Sudermanie (alors régent) seraient charmés de le voir. Le duc d'Orléans, accueilli par eux avec les égards les plus marqués, comblé des offres les plus généreuses, n'accepta que la permission de visiter dans tout le royaume tout ce qu'il jugerait devoir attirer son attention. En quittant Stockholm, il se rendit aux mines de la Dalécarlie, province illustrée par les souvenirs de la liberté suédoise, et par

le nom de Gustave-Wasa. Après avoir vu ensuite le bel arsenal de la marine à Carlscrona, il repassa le Sund, et revint par Copenhague et Lubeck à Hambourg, dans l'année 1796. Il était dans le Holstein, lorsqu'il reçut (août 1796) de la duchesse douairière d'Orléans sa mère une lettre dans laquelle elle annonçait à son fils que le directoire ne voulait consentir à faire cesser les rigueurs dont elle était l'objet avec sa famille que si son fils aîné s'embarquait pour le Nouveau-Monde. Le duc d'Orléans s'empressa de répondre : « Quand ma tendre mère recevra cette lettre, ses ordres seront exécutés, et je serai parti pour l'Amérique..... Je ne crois plus que le bonheur soit perdu pour moi sans ressource, puisque j'ai encore un moyen d'adoucir les maux d'une mère si chérie..... Je crois rêver quand je pense que dans peu j'embrasserai mes frères, et que je serai réuni à eux..... Ce n'est pas que je me plaigne de ma destinée, et je n'ai que trop senti combien elle pouvait être plus affreuse. Je ne la croirai même pas malheureuse si, après avoir retrouvé mes frères, j'apprends que notre mère chérie est aussi bien qu'elle peut l'être, et si j'ai pu encore une fois servir ma patrie en contribuant à sa tranquillité, et par conséquent à son bonheur. Il n'y a pas de sacrifices qui m'aient coûté pour elle, et tant que je vivrai, il n'y en a point que je ne sois prêt à lui faire. » Parti de Hambourg le 24 septembre 1796, le jeune prince arriva à Philadelphie le 21 octobre suivant. Ses deux frères, les ducs de Montpensier et de Beaujolais, partis de Marseille en décembre 1796, ne virent le rejoindre qu'en février 1797. Tous trois, à cheval, accompagnés d'un fidèle domestique nommé Baudouin, qui avait suivi le duc d'Orléans au mont Saint-Gothard, visitèrent ensemble les divers états de la confédération américaine, et même quelques tribus sauvages. Ils se dirigèrent ensuite par l'Ohio et le Mississipi sur la Nouvelle-Orléans, où ils arrivèrent à la fin de février 1798. Ils voulurent de là passer à la Havane; mais le gouvernement espagnol, qui venait d'accueillir leur mère à Barcelone, prenant ombrage de quelques intrigues politiques auxquelles ils étaient parfaitement étrangers, prescrivit au capitaine-général de la Havane, par un ordre daté d'Aranjuez, du 21 mai 1799, de reléguer les trois frères à la Nouvelle-Orléans, sans leur assurer aucun moyen de subsistance. Le duc d'Orléans et ses frères, qui jusqu'alors avaient trouvé dans le Nouveau-Monde égards et liberté, refusèrent de se prêter à cette exigence despotique. Ils gagnèrent la colonie anglaise de Bahama ; de là Halifax, où le duc de Kent, l'un des fils du roi Georges III, les accueillit avec la distinction due à leur naissance ; mais il ne se crut pas autorisé à leur donner passage pour l'Angleterre sur une frégate de la marine britannique. Les princes, sans se décourager de tant de difficultés et d'entraves, s'embarquèrent alors pour New-York, d'où un paquebot les transporta au port de Falmouth. Arrivés à Londres au mois de février 1800, ils se rapprochèrent des princes de la branche aînée de Bourbon, dont ils partageaient l'exil, tout en ayant suivi une direction politique bien opposée. Des dix Bourbons qu'avait accueillis et que devait successivement accueillir l'Angleterre, deux seulement survivent aujourd'hui ; le duc d'Angoulême et Louis-Philippe : l'un n'a jamais porté la couronne, l'autre en subit aujourd'hui tout le poids. Louis XVIII tenait alors à Mittau sa cour errante et solitaire ; le prince de Condé guerroyait à la suite. Le duc d'Orléans s'empressa d'écrire à Louis XVIII, et cette réconciliation réunit enfin toute la famille royale de France dans un même intérêt. Cependant, la duchesse douairière d'Orléans était réfugiée à Figuières. Le duc d'Orléans, impatient de la voir après tant d'années de séparation, mit à la voile pour Minorque. Débarqué à Mahon, il reçut une lettre du prince de Condé, qui lui proposait d'aller servir en Allemagne la cause de l'émigration : d'Orléans refusa. La guerre

étant déclarée entre l'Angleterre et l'Espagne, il lui fut impossible d'aborder en Catalogne, et après avoir fait un si long voyage pour venir si près de sa mère, il fut obligé de se rembarquer sans l'avoir vue. De retour en Angleterre, le duc et ses deux frères se fixèrent à Twikenham, où ils se virent bientôt entourés de l'estime et de l'affection universelles. En 1807, le bonheur de cette paisible retraite fut troublé par la mort prématurée du duc de Montpensier, enlevé le 18 mai par une maladie de poitrine. Pour comble de douleur, le duc d'Orléans vit son jeune frère Baujolais atteint des mêmes symptômes. D'après l'avis des médecins anglais, il le conduisit sous le climat chaud de Malte (mai 1808); mais ce séjour sembla hâter la mort du prince. Dès que son frère eut expiré, le duc d'Orléans se hâta de quitter cette île funeste, et se rendit à Palerme sur l'invitation du roi Ferdinand IV. Le noble exilé reçut en Sicile, plus que l'hospitalité, il y trouva une seconde famille. Ses malheurs, son courage, ses hautes qualités, touchèrent l'âme pure et élevée de la pieuse princesse Amélie. Le roi des Deux-Siciles parut disposé à cimenter, par un mariage, l'attachement que le prince avait inspiré à toute la royale famille. Avant d'accomplir cette heureuse union, Ferdinand IV désira que le duc d'Orléans accompagnât en Espagne l'un de ses futurs beaux-frères, le prince Léopold, qui venait réclamer les droits que sa famille croyait avoir à cette couronne depuis que Napoléon l'avait usurpée pour son frère Joseph. Il s'agissait de défendre l'indépendance d'un peuple généreux ; le duc d'Orléans accepta cette mission. Les deux princes jetèrent l'ancre dans la rade de Gibraltar ; mais le gouvernement anglais fit reconduire à Londres le duc d'Orléans sur la même frégate qui les avait amenés de Palerme, et retint dans le port de Gibraltar pendant deux mois le prince Léopold, dont les prétentions furent d'ailleurs repoussées par la junte de Séville. Arrivé à Londres en septembre 1808, le duc d'Orléans se plaignit de la conduite du gouverneur de Gibraltar ; il lui fut répondu par le ministère anglais qu'elle était conforme à ses instructions. Ce ne fut pas sans peine que le duc obtint de sortir d'Angleterre sur une frégate dont le commandant avait ordre de le conduire à Malte, mais de ne point le laisser approcher des côtes d'Espagne. On conçoit sans peine que la politique ombrageuse du gouvernement anglais s'alarmât de la présence du duc d'Orléans dans la Péninsule, d'autant plus que son nom pouvait servir de drapeau à la sourde ambition de quelques ambitieux subalternes. Le prince allait s'embarquer à Portsmouth, lorsqu'il fut rejoint par sa sœur chérie, dont il était depuis si long-temps séparé. Il fit voile avec elle pour la Méditerranée, et arriva à Malte au commencement de l'année 1809. De là il écrivit à la duchesse douairière d'Orléans, et lui envoya le chevalier de Broval, qui avait été attaché aux princes d'Orléans depuis leur enfance. Ce gentilhomme était chargé d'arranger une entrevue entre le duc et sa mère ; mais pendant son voyage en Espagne les obstacles se multiplièrent au lieu de s'aplanir. Ces obstacles venaient toujours de la politique soupçonneuse de l'Angleterre ; et, il faut bien le dire, ces soupçons étaient entretenus par les ouvertures que plusieurs hommes d'état espagnols faisaient à l'agent du duc d'Orléans pour le mettre à la tête du parti national. Ils y étaient d'autant mieux disposés que chaque jour arrivaient à la junte de Séville des avis plus ou moins positifs sur le mécontentement des habitants des provinces méridionales de France, sur la facilité avec laquelle ils se soulèveraient contre Napoléon, pourvu qu'il se présentât sur la frontière un prince de la maison de Bourbon à la tête de quelques troupes espagnoles. Cette affaire, si l'on en croit les *Mémoires* du comte de Toreno, fut traitée avec le plus grand secret dans la section d'état de la junte, et don Mariano Carnerero, commis de la secrétairerie du conseil, fut chargé d'aller en Catalogne s'assurer de l'effet qu'y pourrait produire la présence du duc d'Orléans. Le résultat de ses investigations fut que le prince, élevé à l'école de Dumouriez, le seul de la maison de Bourbon qui eût une réputation militaire, serait reçu avec enthousiasme, surtout en Catalogne, où l'on conservait les monuments de la gloire de son ancêtre le prince régent, et le souvenir récent des vertus de sa mère. D'après ces renseignements, la junte centrale décida, dans une séance de sa commission exécutive, qu'on donnerait au duc d'Orléans le commandement d'un corps de troupes qui devaient manœuvrer sur la frontière de la Catalogne. L'invasion des Andalousies par les Français après la journée d'Ocâna fit avorter ce plan, qui, selon les mêmes mémoires, avait été arrêté dans le plus grand secret. Le prince, qui était toujours à Malte, se décida à revenir à Palerme, où fut fixé le jour de son mariage ; mais, pour rien au monde, il n'aurait voulu voir sa mère absente à la célébration d'un hymen qui devait combler de joie son cœur maternel. De Sicile, il se rendit à Minorque, où il serra enfin dans ses bras celle qui lui avait donné le jour ; enfin de retour à Palerme, il y épousa solennellement, le 25 novembre 1809, la princesse Marie-Amélie, aujourd'hui reine des Français, et mère si heureuse d'une famille nombreuse et florissante. Six mois après ce mariage, qui, même aux yeux des royalistes les plus exaltés, relevait le duc d'Orléans, et était pour lui en quelque sorte un nouveau baptême de prince, il se vit recherché de la manière la plus ostensible par la junte de Séville. Don Mariano Carnerero fut député auprès de lui dans le plus grand secret. Le duc accepta le commandement qui désormais lui était offert. Il partit de Palerme le 21 mai 1810, et aborda à Tarragone. Il y fut reçu avec enthousiasme ; mais il arrivait dans un moment peu opportun : Lérida venait de succomber, O'Donnel et l'armée de Catalogne étaient en pleine déroute. Le duc d'Orléans d'ailleurs ne trouva pas à son débarquement les pouvoirs nécessaires pour que le commandement lui fût remis ; et bien que les populations lui demandassent à grands cris de le prendre, il ne jugea pas devoir accepter une autorité qui ne lui était pas conférée d'une manière régulière par le gouvernement. Il sentit enfin qu'un plus long séjour en Catalogne, au milieu de circonstances aussi critiques, pourrait attirer sur cette province toutes les forces de l'ennemi. Tout bien réfléchi, il se décida à se rembarquer pour Cadix ; et y arriva le 20 juin. La régence se vit alors dans le plus grand embarras : « C'était elle qui avait fait appeler le duc (et ici nous empruntons les paroles de l'historien Toreno), qui lui avait offert un commandement ; et malheureusemeut les circonstances ne lui permettaient pas de remplir sa promesse. Plusieurs généraux espagnols, et particulièrement O'Donnel, regardaient de mauvais œil l'arrivée du duc ; les Anglais avaient de la répugnance à lui voir conférer un commandement quelconque ; et les cortès déjà convoquées commandaient à la régence une réserve qui ne lui permettait pas d'adopter une résolution contraire à de si puissantes manifestations. Le duc d'Orléans réclama de la régence l'accomplissement de son offre, et de là s'élevèrent des altercations pleines d'aigreur. Cependant les cortès s'étaient constituées, et désapprouvèrent la pensée d'employer le duc ; elles engagèrent la régence à insinuer d'une manière douce et polie à S. A. qu'elle eût à quitter Cadix. Informé de l'ordre qui avait été donné, le prince se décida à se rendre aux cortès, et le 30 septembre il descendit de voiture aux portes de la salle où elles étaient réunies, demandant avec instance la permission de se faire entendre à la barre. Cette subite apparition fut comme un coup de foudre au sein de l'assemblée. Toutefois, les cortès n'accédèrent pas au désir du duc ; elles lui firent porter par une députation une réponse négative, avec tous les égards dus à son rang élevé et à son caractère personnel. Le duc d'Orléans,

qui ne s'était point légèrement décidé à cette démarche, insista, mais les députés tinrent bon, et S. A. se rembarqua le 3 octobre pour la Sicile. Dans une lettre adressée à Louis XVIII, il témoigna un dépit assurément fort naturel. « Certes, la régence agit bien à la légère, ou plutôt de bien mauvaise foi, en faisant des offres au duc, et prétextant plus tard, pour ne pas les remplir, que c'était lui qui avait sollicité un commandement : subterfuge indigne de tout gouvernement qui se pique de noblesse et de franchise (Toreno, *Hist. de la révolution d'Espagne*). » Assurément aussi la politique anglaise fut pour quelque chose dans la conduite inconséquente et indélicate des cortès. Enfin, qui sait si la branche aînée eût été plus satisfaite que l'Angleterre de voir combattre en Espagne l'arrière-petit-fils de ce Philippe d'Orléans, qui, par l'éminence de ses talents et la séduction de son caractère, avait pensé supplanter son cousin Philippe V sur ce même trône qu'il aidait à lui conquérir avec autant de courage que de loyauté ? Qui sait enfin ce qui serait arrivé si Louis-Philippe eût été admis à commander en Catalogne ? L'histoire de l'Europe depuis trente ans aurait sans doute été bien changée : certains noms et certains hommes sont d'un si grand poids dans les affaires humaines ! De retour à Palerme, au mois d'octobre 1810, quelques jours après la naissance de son fils aîné, le duc d'Orléans y trouva Ferdinand IV avec la portion de sa cour et de son armée qui l'avaient suivi en Sicile. Les événements de la guerre continentale avaient forcé ce monarque à abandonner la partie napolitaine de ses états à Joachim Murat, qui, en prenant le titre de roi des Deux-Siciles, annonçait ses prétentions sur tout le royal patrimoine de Ferdinand. Reconquérir le royaume de Naples, telle était l'unique pensée de la cour de Palerme ; mais le roi et la reine Caroline ne s'accordaient pas sur les moyens. L'Angleterre protégeait alors la Sicile de ses vaisseaux, de ses subsides et de ses troupes. La reine, persüadée que les Anglais ne faisaient tant d'efforts pour la Sicile que parce qu'ils étaient contraires au retour de Ferdinand à Naples, affectait du dédain pour la défense de cette île, et ne s'occupait que des moyens de reprendre sans eux et malgré eux le royaume de Naples. Elle fut sourde aux avis calmes de son gendre, qui, destiné dèslors à voir les fautes des dynasties régnantes sans pouvoir les prévenir, remontrait en vain à la reine Caroline que ses plans étaient de nature à mécontenter aussi bien les Siciliens que les Anglais. Les Siciliens n'ont jamais aimé les Napolitains : ils se voyaient avec peine gouvernés par l'émigration de Naples, et contraints de subvenir à ses dépenses. La reine aurait bien voulu employer militairement le duc d'Orléans ; mais elle était retenue par la crainte de laisser ainsi prévaloir le système que ce prince lui recommandait. C'était donc sans fruit qu'il faisait des plans pour la défense de l'île, et qu'il représentait la nécessité de s'entendre avec les Anglais et d'écarter les émigrés napolitains du pouvoir pour y appeler des Siciliens. Il insistait surtout pour qu'on respectât les immunités nationales dont la nation sicilienne jouissait depuis huit siècles. La plus importante était pour la Sicile le droit de s'imposer elle-même par l'organe de son parlement. Au commencement de 1810, le roi viola ces immunités : non content d'établir par ordonnance un impôt illégal, il relégua dans des îles désertes les parlementaires qui avaient dû protester contre cette mesure. Le duc d'Orléans, retiré à la campagne, vit alors se réaliser ses tristes prévisions. « Toute l'Europe admira dans cette circonstance délicate la prudence que déploya S. A., placée entre son attachement aux intérêts de sa nouvelle patrie, et ses devoirs envers leurs majestés siciliennes (*Biogr. des vivants*). » Cependant lord William Bentink arriva d'Angleterre avec de pleins pouvoirs : les troupes anglaises occupèrent Palerme. Le roi remit l'exercice de son autorité au prince héréditaire ; un ministère sicilien fut nommé,

une nouvelle constitution promulguée. Tout n'était encore que trouble et qu'anarchie dans la Sicile, quand le 23 avril 1814 un vaisseau anglais vint apporter à Palerme la nouvelle inattendue de la restauration des Bourbons sur le trône de France. Pressé du désir de revoir sa patrie, le duc d'Orléans se rendit à Paris, et le 17 mai il parut chez le roi en uniforme de lieutenant-général. Nous ne pouvons dire que Louis XVIII le reçut avec cordialité : ce monarque ne témoigna jamais grande affection au duc d'Orléans, qui n'opposait que ses respects et sa réserve aux boutades désobligeantes du monarque railleur et rancunier. Cependant, on ne lui refusa pas les honneurs dus à ce haut rang qui lui avait valu un si long exil ; il fut nommé colonel-général des hussards. Au mois de juillet 1814, le duc d'Orléans alla chercher à Palerme sa famille, que, vers la fin d'août, il eut la joie de ramener au Palais-Royal. Là, il jouissait en paix du bonheur domestique et de la considération attachée à ses vertus personnelles, sans nullement s'affliger de quelques tracasseries d'étiquette. C'est ainsi que Louis XVIII se plaisait à le tenir à distance comme altesse sérénissime, tandis que, même en présence de son époux, à qui l'on n'ouvrait qu'un seul battant, la grande entrée était pour Mᵐᵉ la duchesse d'Orléans, comme altesse royale, en sa qualité de fille de roi. Mais le débarquement de Napoléon à Cannes, au mois de mars 1815, vint imposer au nouvel hôte des Tuileries des soins plus sérieux. Louis XVIII hésita d'abord sur la conduite qu'il devait tenir envers son cousin : à la fin, il l'envoya chercher pour lui faire part de ses intentions. Les injustes soupçons de la cour contre le prince tombèrent alors devant la noble franchise avec laquelle il accueillit les communications du roi, et lui déclara qu'il était prêt à partager avec lui sa mauvaise comme sa bonne fortune. Il reçut l'ordre de se rendre à Lyon après Monsieur, pour arrêter, comme on l'espérait encore, la marche de l'empereur. Réunis dans cette ville, les deux princes, dans un conseil auquel assistait le maréchal Macdonald, reconnurent l'impossibilité d'empêcher Napoléon d'entrer dans la seconde ville du royaume. De retour à Paris, le duc d'Orléans fit partir pour l'Angleterre sa femme et ses enfans ; sa sœur resta auprès de lui. Le moment n'était plus où Louis XVIII accueillait froidement son cousin : le 16 mars, le duc accompagna le roi dans sa voiture à la séance royale. Le duc d'Orléans assista également au conseil qui fut tenu pour décider de quel côté Louis XVIII effectuerait sa retraite; et comme il fut toujours d'avis d'éviter la guerre civile, il combattit fortement l'opinion de ceux qui voulaient que le roi se portât sur la Loire. Le soir même, il partit pour aller prendre le commandement du département du Nord. Arrivé le 17 à Péronne, il y trouva le maréchal Mortier, duc de Trévise, qui avait été son compagnon d'armes dans la mémorable campagne de 1792, et qui s'empressa de mettre à l'ordre du jour les lettres de service du prince en qualité de commandant en chef. De là, toujours accompagné de l'illustre maréchal, le duc d'Orléans visita Cambrai, Douai, Valenciennes et Lille. Le 20 mars, il envoya à tous les commandants, pour instructions, « de faire céder toute opinion au cri pressant de la patrie, d'éviter les horreurs de la guerre civile, de se rallier autour du roi et de la charte constitutionnelle, surtout de n'admettre sous aucun prétexte dans nos places les troupes étrangères. » Le même soir, le télégraphe de Lille avait transmis un message de Napoléon ainsi conçu : « L'empereur rentre dans Paris à la tête des troupes qui avaient été envoyées contre lui. Les autorités civiles et militaires ne doivent plus obéir à d'autres ordres que les siens, et le pavillon tricolore doit être sur-le-champ arboré. » Le duc d'Orléans n'en continua pas moins ses opérations jusqu'au 23 ; mais que pouvaient tous ses efforts, toutes ses bonnes intentions contre les dispositions de l'armée? Si une partie des habitants et de la garde nationale

des places paraissait bien disposée en faveur de Louis XVIII, il n'en était pas de même pour les garnisons. Aussi le roi, arrivé à Lille le 22, se hâta de partir le lendemain, sans laisser, en quittant la France, aucune instruction au duc d'Orléans, qui pourtant l'avait accompagné jusqu'à deux lieues de cette ville. Le prince lui-même abandonna, le 24 mars, le chef-lieu du département du Nord pour aller en Angleterre rejoindre sa famille. A son départ, il prévint les commandants de place qu'il n'avait plus aucun ordre à leur transmettre au nom du roi. La lettre d'adieu qu'il adressa au maréchal Mortier est un monument de convenance et de patriotisme : « Je viens, mon cher maréchal, disait S. A. R., vous remettre en entier le commandement que j'aurais été heureux d'exercer avec vous..... Je pars pour m'ensevelir dans la retraite et dans l'oubli; le roi n'étant plus en France, je ne puis plus vous transmettre d'ordre en son nom, et il ne me reste plus qu'à vous dégager de l'observation de tous les ordres que je vous avais transmis, et à vous recommander de faire tout ce que votre excellent jugement et votre patriotisme si pur vous suggèreront de mieux pour les intérêts de la France, et de plus conforme à tous les devoirs que vous avez à remplir. Adieu, mon cher maréchal, mon cœur se serre en écrivant ce mot. Conservez-moi votre amitié en quelque lieu que la fortune me conduise, et comptez à jamais sur la mienne, etc. » Le prince ne borna pas aux sentiments contenus dans cette lettre l'expression des vifs regrets qu'il éprouvait en quittant encore une fois la France. Il dit au colonel Athalin, son aide-de-camp, « qu'il le dispensait de franchir la frontière et de l'accompagner en exil; qu'il pouvait s'estimer heureux de pouvoir rester sur le sol de la patrie, et d'y conserver les glorieux signes qu'ils avaient portés à Jemmapes (Fleury de Chaboulon, *Mémoires sur les cent-jours*). » Quoi qu'il en soit, Twickenham devint encore, après tant de vicissitudes, la résidence du duc d'Orléans; mais l'intrigue et la calomnie vinrent le troubler dans cette retraite. On fit insérer sous son nom, dans les journaux anglais, des protestations, des professions de foi fabriquées à dessein pour le placer dans une fausse position vis-à-vis de la branche aînée. Le prince s'empressa de les démentir. La journée de Waterloo ayant ramené une seconde fois les Bourbons, Il revint à Paris à la fin de juillet 1815. et eut à faire lever le séquestre qui, pendant les cent-jours, avait été mis sur le Palais-Royal et sur ses autres biens, et qu'on avait jusqu'alors maintenu. Louis XVIII, toujours prévenu contre le premier prince du sang, ne pouvait lui pardonner les marques d'estime et même les vœux dont le duc d'Orléans avait été l'objet au sein de la chambre des représentants, après le désastre de Waterloo. « Les qualités personnelles de ce prince, avait dit Fouché dans sa fameuse lettre écrite au duc de Wellington, en juillet 1815, les souvenirs de Jemmapes, la possibilité de faire un traité qui concilierait tous les intérêts, ce nom de Bourbon qui pourrait servir au dehors sans qu'on le prononçât au dedans, tous ces motifs, et d'autres encore, offrent dans ce dernier choix une perspective de repos et de sécurité, même à ceux qui ne pourraient y voir le présage du bonheur. » Le séquestre levé, le duc d'Orléans repassa le détroit pour aller chercher sa famille, et à son retour au mois de septembre, il profita de l'ordonnance du roi qui appelait tous les princes à prendre séance dans la chambre des pairs. Ce fut pour lui une occasion de manifester à la France ses opinions et ses sentiments. Les colléges électoraux qui venaient d'élire les députés de 1815 avaient envoyé au gouvernement royal des adresses réactionnaires. La commission de la chambre des pairs chargée de rédiger le projet d'adresse au roi avait accuelli ce vœu : « Sans ravir au trône, disait-elle, les bienfaits de la clémence, nous oserons lui recommander les droits de la justice ; nous oserons solliciter humblement de son équité la rétribution nécessaire des récompenses et des peines, et l'épuration des administrations publiques. » Le duc d'Orléans, sans s'arrêter aux amendements proposés par plusieurs membres, se prononça sans détour pour la suppression totale du paragraphe. « Laissons au roi, dit-il, le soin de prendre constitutionnellement les précautions nécessaires au maintien de l'ordre public, et ne formons point de demandes dont la malveillance ferait peut-être des armes pour troubler la tranquillité de l'état. Notre qualité de juges éventuels de ceux envers lesquels on recommande plus de justice que de clémence nous impose un silence absolu à leur égard. Toute énonciation antérieure d'opinion me paraît une véritable prévarication dans l'exercice de nos fonctions judiciaires, en nous rendant à la fois accusateurs et juges. » Ce noble langage, auquel applaudirent les ministres du roi, n'entraîna point l'adhésion de la chambre, et ne servit qu'à irriter contre le premier prince du sang les chefs du parti réactionnaire. Le duc d'Orléans, ne pouvant douter de l'inutilité de sa présence à la chambre des pairs, se condamna de nouveau à un exil volontaire, afin de laisser aux passions le temps de se calmer : pour la troisième fois, il revit Twickenham. De retour en France en l'année 1817, alors que le gouvernement paraissait prendre une allure plus modérée, il se consacra tout entier au soin d'élever sa nombreuse famille, et d'administrer avec autant d'ordre que de grandeur une fortune que diverses circonstances heureuses contribuèrent à augmenter rapidement, tant par le recouvrement de domaines non vendus que par les millions que lui assigna la loi d'indemnité. Ami des lettres, dont la culture avait consolé son exil et charmait alors sa prospérité, il s'entoura de toutes les notabilités indépendantes, et sut noblement les indemniser de la persécution ou de l'injustice du pouvoir. Plusieurs hommes de lettres distingués peuvent citer aujourd'hui avec orgueil le temps où ils étaient pensionnaires du duc d'Orléans. Le prince protégea quelques sociétés savantes, entre autres la société asiatique. Il honorait de son amitié plusieurs des chefs de l'opposition constitutionnelle, ceux dont la conduite sage et mesurée ne compromettait rien de ce qui existait alors en France, car il était loin d'approuver les hommes qui voulaient faire servir son nom de ralliement à des mécontentements hostiles à la branche aînée; et, sous ce rapport, des écrivains ont eu raison de se plaindre que le duc d'Orléans n'*était pas de son parti*. Cependant, le duc de Chartres, élevé au collége royal de Henri IV, où ses plus jeunes frères ont fait et font encore leurs études, répondait dignement à cette éducation forte et vraiment populaire. Depuis le mariage du duc de Berri avec une nièce de la duchesse d'Orléans, le duc paraissait plus souvent à la cour, mais Louis XVIII ne l'accueillit jamais avec cordialité, et refusa obstinément de donner aux princes d'Orléans le titre d'*altesse royale*, bien que cette concession fût dès lors dans toutes les convenances. Charles X, à son avénement, s'empressa de réparer cettte injustice, et consentit à ce que le duc de Bourbon fît passer son immense héritage sur la tête de M. le duc d'Aumale, un des fils de M. le duc d'Orléans. Une véritable amitié semblait unir les chefs des deux branches françaises de la maison de Bourbon, lorsque les fatales ordonnances de juillet 1830 changèrent tout à coup Paris en un champ de carnage, et brisèrent sous les pavés des barricades la couronne de l'aveugle Charles X. — On combattait encore lorsque les députés qui se trouvaient dans la capitale se réunirent pour aviser aux moyens de ne pas laisser plus long-temps la France sans gouvernement. Une commission provisoire s'établit à l'Hôtel-de-Ville pour veiller aux intérêts les plus pressants. Dans chacun des douze arrondissements, des commissions municipales s'organisèrent. La garde nationale se forma, ralliée autant par le besoin d'ordre public que par le nom de La Fayette. Dès les premiers moments, quelques députés influents s'étaient mis en rapport avec le duc d'Or-

léans : S. A. R. n'accueillit ces ouvertures qu'avec cette mesure parfaite qui avait toujours réglé sa conduite politique : cette mesure d'ailleurs lui était commandée par sa loyauté envers le roi Charles X. Toutefois, rien ne put soustraire le prince au pouvoir et à l'effrayante responsabilité qui s'offraient à lui. Dans leur séance du 30 juillet, les députés arrêtèrent que le duc d'Orléans serait invité à prendre les fonctions de lieutenant-général du royaume. Une commission fut chargée de lui porter cette délibération. N'ayant pas trouvé S. A. R. à Paris, les commissaires lui transmirent par écrit leur message. Le prince avec toute sa famille quitta les frais ombrages de Neuilli, et se mit en route dans une de ces voitures *omnibus*, qui de cette circonstance ont retenu le nom d'*orléanaises*. Le duc arriva au Palais-Royal à onze heures du soir. Le lendemain matin, il reçut la députation. Il l'assura de tout son désir de préserver la France des maux de la guerre civile et de la guerre étrangère : « Les chambres vont se réunir, dit-il en terminant; elles aviseront aux moyens d'assurer le règne des lois et le maintien des droits de la nation : *la charte sera désormais une vérité.* » Les députés présents annoncèrent ce résultat par une proclamation, dans laquelle on lisait ces mots : « Le duc d'Orléans est dévoué à la cause nationale et constitutionnelle : il en a toujours défendu les intérêts et professé les principes. Il respectera nos droits, car il tiendra de nous les siens. » Le même jour fut affichée dans Paris la proclamation du lieutenant - général. C'est une pièce historique trop importante pour ne pas la rapporter en son entier. *Paris, le 31 juillet.* — « Habitants de Paris, les députés de la France, en ce moment réunis à Paris, m'ont exprimé le désir que je me rendisse dans cette capitale pour y exercer les fonctions de lieutenant-général du royaume. Je n'ai pas balancé à venir partager vos dangers, et à me placer au milieu de votre héroïque population, à faire tous mes efforts pour vous préserver des calamités de la guerre civile et de l'anarchie. En rentrant dans la ville de Paris, je portais avec orgueil les couleurs que vous avez reprises, et que j'avais moi-même long-temps portées. Les chambres vont se réunir, etc. (ici se trouvaient reproduits les derniers mots de la réponse du prince à la députation, et que nous avons déjà rapportés.) »—Ce mot, *la charte sera désormais une vérité*, passa dans toutes les bouches, et parut comme le programme du nouveau gouvernement. La chambre des députés ordonna l'impression de la proclamation à dix mille exemplaires. La première ordonnance rendue par le lieutenant-général (le 1ᵉʳ août) prescrivait de reprendre les couleurs nationales. Le même jour, il convoqua les chambres pour le 3 août. La commission municipale de Paris, ayant le général La Fayette à sa tête, vint résigner ses pouvoirs entre les mains du prince; mais S. A. R., après en avoir délibéré dans son conseil, pria les membres qui la composaient de continuer provisoirement leurs fonctions pour tout ce qui intéressait la sûreté intérieure de Paris. Dans cette circonstance, le duc d'Orléans parut sur le balcon du Palais-Royal, tenant étroitement embrassé le général La Fayette, et tous deux déployèrent le drapeau tricolore aux yeux du peuple. Quels transports éclatèrent à ce spectacle, qui rappelait à la fois les belles journées et les illusions de 1789 ! Le prince avait trouvé les ministres, ou plutôt des commissaires nommés par la commission municipale pour chaque département, et pris dans toutes les nuances constitutionnelles des deux chambres : c'étaient MM. le baron Louis aux finances, Dupont (de l'Eure) à la justice, le maréchal Gérard à la guerre, de Rigny à la marine, Bignon aux affaires étrangères, Guizot à l'instruction publique, le duc de Broglie à l'intérieur et aux travaux publics. Ces destinations furent en partie changées par le lieutenant-général. Dès le 1ᵉʳ août, on vit prédominer l'influence de M. Guizot au département de l'intérieur, où il venait de passer; et, à quelques exceptions près, les nominations des préfets annoncèrent

de la part de ce ministre une tendance monarchique. La promotion de M. Girod de l'Ain à la préfecture de police, en remplacement de M. Bavoux, fut encore plus significative. D'un autre côté, le maréchal comte Jourdan, nommé ministre des affaires étrangères à la place de M. Bignon, qui fut relégué à l'instruction publique, semblait un vieux drapeau tricolore arboré aux yeux de l'Europe; enfin, la manière dont M. Dupont de l'Eure organisa les parquets des cours et tribunaux de la capitale, soutenait l'espoir des hommes de juillet. Déjà, toutes condamnations pour délits de la presse avaient été annulées; toutes poursuites arrêtés; et la justice ne se rendait plus qu'au nom de *Louis-Philippe d'Orléans*, *duc d'Orléans*, *lieutenant-général du royaume*. Partout des sociétés populaires se formaient, et l'autorité, qui ne les voyait pas avec plaisir, n'osant prendre sur elle de les interdire, se contentait d'y envoyer des hommes qui les troublaient par leurs murmures ou qui les rendaient odieuses par leurs exagérations. Cette combinaison d'hommes opposés et de mesures contradictoires, en calmant les profondes terreurs des hommes hostiles à la révolution de juillet, aigrissait les amis d'une liberté républicaine. Que de motifs pour compliquer la situation du prince et pour faire naître sur ses pas de grandes difficultés ! Mais il n'avait pas été sans prévoir cette nécessité de se mettre en apparente contradiction avec lui-même; et il ne s'effrayait pas plus des obstacles, qu'il ne se laissait éblouir par cette popularité de la rue, à laquelle il fallait bien s'abandonner dans le premier moment. De là l'origine de ce système qu'on a dédaigneusement appelé le juste-milieu le seul peut-être qui fût praticable dans des circonstances et sous des conditions si extraordinaires. La position étant donnée, il fallait la défendre à tout prix et contre le peuple des barricades et contre l'Europe alarmée et malveillante. Et quel homme de bonne foi oserait accuser d'avoir mal rempli ce double rôle le prince qui, en dépit des émeutes, des conspirations et des machines infernales, est encore, après six ans, en France, l'unique champion de l'ordre public, et en Europe le plus ferme rempart de la monarchie constitutionnelle ? Cependant, Charles X, par une déclaration datée de Rambouillet, le 1er août, avait nommé le duc d'Orléans lieutenant - général du royaume ; mais déjà le prince exerçait depuis deux jours ces hautes fonctions, et il jugea convenable de ne pas se prévaloir de cette disposition tardive (voir le *Moniteur* du 4 août). Le même jour, la feuille officielle annonça que le lieutenant-général du royaume avait déposé aux archives de la chambre des pairs l'acte d'abdication de Charles X et du dauphin en faveur du duc de Bordeaux sous le nom d'Henri V. Le 3 août eut lieu l'ouverture des chambres : dans cette solennité, le discours du lieutenant-gnéral offrait, sous une forme à la fois noble et simple, le précis de ce qui venait de se passer depuis quelques journées. « Dans cette absence de tout pouvoir public, disait le prince, le vœu de mes concitoyens s'est tourné vers moi ; ils m'ont jugé digne de concourir avec eux au salut de la patrie ; ils m'ont invité à exercer les fonctions de lieutenant-général du royaume. Leur cause m'a paru juste, le péril immense. Je suis accouru au milieu de ce vaillant peuple, suivi de ma famille, et portant ces couleurs qui, pour la seconde fois, ont marqué parmi nous le triomphe de la liberté. Je suis accouru, fermement résolu à me dévouer à tout ce que les circonstances exigeraient de moi, dans la situation où elles m'ont placé, pour rétablir l'empire des lois, sauver la liberté menacée, et rendre impossible le retour de si grands maux, en assurant à jamais le pouvoir de cette charte, dont le nom invoqué après le combat l'était encore après la victoire.......... Oui, messieurs, elle sera heureuse et libre, cette France qui m'est si chère ; elle montrera à l'Europe qu'uniquement occupée de sa prospérité intérieure, elle chérit la paix aussi bien que les libertés, et ne veut que le bonheur et le repos de ses voisins. » Par ordonnance du même jour, le duc d'Orléans avait appelé à siéger à la chambre des pairs ses deux fils aînés, les ducs de Chartres et de Nemours, qu'il venait de décorer du grand-cordon de la Légion-d'Honneur. Toutes les mesures du prince, toutes ses réponses aux diverses députations des villes concouraient à entretenir l'enthousiasme populaire : parmi ces actes, on peut citer le don d'une pension de 1,500 fr. sur sa cassette, que S. A. R. accorda à Rouget – Delisle, l'auteur de *l'hymne des Marseillais*, l'admission au grade de sous-lieutenant de tous les élèves de l'école polytechnique qui avaient concouru à la défense de la liberté, quatre décorations offertes pour le même motif aux élèves de l'école de médecine. Le 6 août, les cours de cassation et des comptes, la cour royale de Paris, et le conseil royal de l'instruction publique, vinrent présenter leurs hommages au lieutenant-général. Le public recueillit avec soin tout ce qui pouvait donner un caractère significatif à ces réceptions banales. Aussi remarqua-t-on beaucoup le discours du président Séguier, qui faisait en ces termes l'éloge du prince : « Jeune encore ; aux premiers jours de la révolution, vous avez pris part à ses trophées, vous avez été instruit par ses traverses, et vous avez retenu d'elle tout ce qui est cher à l'honneur national. La simplicité de vos habitudes de famille, l'esprit d'ordre de votre maison, la dignité de votre modestie, l'affabilité pour tous les rangs, la droiture dans toutes les affaires, vous ont gagné tous les cœurs, sans prévoyance du grand événement qui les rallie à vos pieds. Eh ! que nous sommes heureux, Monseigneur, de vous voir entouré de ces nombreux rejetons, élevés au milieu de nous! etc. » Cependant la chambre des députés marchait à grands pas dans la nouvelle carrière qui lui était ouverte. Le 6 août, tandis que M. E. Salverte demandait la mise en accusation des ministres signataires des ordonnances, M. Bérard proposait à la charte de 1814 des modifications fondamentales ; enfin , dès le lendemain , la chambre élective déclarait le trône vacant, et y appelait le duc d'Orléans. Elle se rendit tout entière au Palais-Royal, et M. Lafitte, vice-président , lut au prince l'acte de constitution. Après cette lecture, le duc d'Orléans répondit : « Je reçois avec une profonde émotion la déclaration que vous me présentez, je la regarde comme l'expression de la volonté nationale ; et elle me paraît conforme aux principes politiques que j'ai professés toute ma vie. Rempli de souvenirs qui m'avaient toujours fait désirer de n'être jamais destiné à monter sur le trône, exempt d'ambition, et habitué à la vie paisible que je menais avec ma famille, je ne puis vous cacher tous les sentiments qui agitent mon cœur dans cette grande conjoncture ; mais il en est un qui les domine tous, c'est l'amour de mon pays : je sais ce qu'il me prescrit, et je le ferai. » Après ce discours, le prince embrassa avec effusion M. Lafitte. Cependant, des milliers de voix dans les cours du Palais-Royal sollicitaient la présence du prince. Il parut sur le balcon avec la reine et ses enfants, qu'il présenta au peuple. Lafayette, frappé de cette universalité d'enthousiasme et d'hommages , dit en prenant par la main le duc d'Orléans : « Nous avons fait là de bonnes choses : vous êtes le prince qu'il nous faut ; *c'est la meilleure des républiques !* » Le soir, la chambre des pairs, ayant à sa tête M. Pasquier, nommé chancelier sur la démission de M. de Pastoret, présenta au duc d'Orléans son adhésion à la déclaration de la chambre des députés. Le 9 août eut lieu la séance royale dans laquelle le prince prononça le serment qui le faisait roi. Le 11 août, il organisa son ministère. MM. Dupont de l'Eure, Gérard, Guizot, Louis, furent maintenus dans leurs départements, M. de Broglie appelé au ministère de l'instruction publique, M. Molé aux affaires étrangères, et M. Sébastiani à la marine. Ces changements parurent un nouvel échec pour les hommes politiques qui voulaient ne mettre aucune limite aux conséquences de la révolution des barricades. Le roi adjoignit à son conseil des ministres MM. Jacques Lafitte , Casimir Périer , Dupin aîné et Bignon. Par diverses ordonnances du mois d'août, S. M. substituait aux anciens sceaux de l'état le sceau et les armes de la maison d'Orléans, déterminait les noms et titres que devaient porter les princes et princesses de la famille royale, prescrivait de ne plus donner aux ministres le titre de *monseigneur*, mais celui de *monsieur le ministre*, et, en déclarant supprimer la gendarmerie, recréait en réalité ce corps si éminemment utile sous le titre de garde municipale. Alors commençait entre les partis une lutte de mots qui couvrait d'un semblant quasi-pacifique la véritable lutte des choses. Plus tard devait s'engager la querelle du *quoique* Bourbon, ou du *parce que* Bourbon, lutte qui partagea non seulement les chambres et les hommes de parti, mais encore les ministres et les hommes d'état. Cependant , la chambre élective présentait au roi, le 9 octobre, une adresse tendant à l'abolition de la peine de mort. Louis-Philippe, toujours à la hauteur des circonstances, fit la plus sage réponse à cette adresse, qui, au moment où se préparait le procès des ministres, pouvait être jugée si diversement par les partis : « Le vœu que vous exprimez , dit S. M., était depuis bien long-temps dans mon cœur. Témoin dans mes jeunes années de l'épouvantable abus qui a été fait de la peine de mort en matières politiques, et de tous les maux qui en sont résultés pour la France et pour l'humanité, j'en ai constamment et bien vivement désiré l'abolition. Le souvenir de ce temps de désastre, et les sentiments douloureux qui m'oppriment quand j'y reporte ma pensée, vous sont un sûr garant de l'empressement que je vais mettre à vous faire présenter un projet de loi conforme à votre vœu. Quant au mien , il ne sera complètement rempli que quand nous aurons entièrement effacé de notre législation toutes les peines et toutes les rigueurs que repoussent l'humanité et l'état actuel de la société. » Déjà le 14 septembre, un compte-rendu à la chambre par M. Guizot des actes de l'administration avait prouvé que le nouveau roi était servi par des hommes qui avaient pris au sérieux la mission de renouveler le gouvernement. Au département de la guerre, sur 75 officiers-généraux investis des divisions et subdivisions militaires, 65 avaient été remplacés; des commandants nouveaux envoyés dans 51 places fortes; la garde royale supprimée; l'effectif des régiments d'infanterie et de cavalerie considérablement augmenté; le commandement en Afrique confié à un nouveau chef; et la conquête effectuée sous le drapeau blanc était dignement conservée et soutenue sous le drapeau tricolore. Si dans le corps de la marine, la nature des choses et du service avait interdit de nombreux changements, la mise à la retraite de vingt officiers, dont trois contre-amiraux, manifestait du moins qu'on n'avait rien laissé à faire sous ce rapport. Au département de l'intérieur, 76 préfets sur 86, 196 sous-préfets sur 277, 53 secrétaires généraux sur 86, 127 conseillers de préfectures sur 315, avaient été remplacés. Enfin, en attendant la nouvelle loi municipale, 393 changements avaient déjà été prononcés dans les différentes mairies. Le ministère de la justice avait renouvelé presque tous les parquets. 74 mutations avaient été effectuées dans les cours royales, et 254 dans les tribunaux civils. En dépit de maintes propositions indiscrètes, la volonté bien connue du roi avait été de respecter l'inamovibilité des juges; mais, par refus de serment ou démission, 103 nominations nouvelles avaient du avoir lieu parmi les présidents, conseillers et juges. Les mêmes motifs avaient nécessité la réélection de 73 députés, etc. Cependant, la Vendée menaçait; l'émeute marchait à face découverte pendant le procès des ministres, puis, à l'échaufourée de Saint-Germain-l'Auxerrois et de l'archevêché. L'Europe se montrait malveillante; elle eût été menaçante si elle l'eût osé; mais, en attendant qu'elle eût expérimenté en la personne de Louis-Philippe le monarque le plus habile et le plus fort de son temps, la vie modeste et simple du roi citoyen lui faisaient presqu'aussi peur que l'attitude menaçante de Bonaparte. Et alors même, tout en se livrant à sa popularité, le nouveau roi ne négligeait pas les ressources de la diplomatie. Le temps n'était pas éloigné où l'homme de la paix à tout prix devait forcer à le reconnaître comme frère et allié ces rois et ces empereurs, dont la plupart s'étaient rués au-devant du joug de Napoléon. De même, l'homme du juste milieu devait, en paraissant toujours faire des concessions, arriver à désarmer, à enchaîner tous les partis, enfin à les réduire au point de n'avoir plus contre lui que les armes anti-françaises de l'assassinat. Pour développer tous ces résultats, pour en déduire les causes ostensibles et secrètes, il faudrait dépasser les bornes d'une simple notice et faire une véritable histoire. D'autres ont déjà pris ce soin, soit dans un sens adulateur, soit dans un but hostile. Quant à nous, après avoir présenté des détails peu connus sur la vie de Louis-Philippe homme privé; après avoir montré par quelle voie droite il s'est tout à coup vu surgir à ce trône, dont les angoisses et les alarmes doivent lui faire chaque jour regretter sa noble et paisible existence d'altesse royale, nous devons, au nom des convenances, comme pour ne point dépasser les limites de notre plan, nous borner à esquisser les résultats de sept années de règne. Déjà nous avons parlé de la Charte modifiée. De ces modifications sont dérivées d'abord la nouvelle loi sur les élections du 19 av. 1831, loi de progrès sans doute, mais dont les bases encore rétrécies n'ont pas entièrement répondu à tous les vœux légitimes; puis l'abolition de la censure dramatique, et surtout l'adoucissement proportionnel des peines portées dans le Code pénal. Au 13 mars 1831, Casimir Périer avait remplacé M. Laffitte à la présidence du conseil : le temps des concessions républicaines et des hommes d'état à riantes utopies était passé. Alors arriva au ministère de l'instruction publique, puis à l'intérieur, M.

de Montalivet, si connu par son dévouement au roi et par sa loyauté politique. Le parquet de la cour royale de Paris fut confié à M. Persil, dont la fermeté tenace était ce qu'il fallait dans ces mode crise et de péril. La mission du nouveau ministère était d'organiser une administration forte et monarchique, et d'écarter les idées et les hommes opposés à ce but. Casimir Périer a rempli sa tâche, et il est mort à la peine (16 mai 1832). En l'année 1831, Louis-Philippe avait parcouru la France, et partout il avait pu voir qu'on voulait l'ordre, au moyen d'institutions libérales et vraies. A l'ouverture de la session de cette même année, il avait pu dire aux chambres réunies : « Il est temps que par l'action uniforme de tous les pouvoirs de l'état, nous mettions un terme à ces agitations prolongées, dont s'alimentent les coupables espérances de ceux qui rêvent la dynastie déchue, ou de ceux qui rêvent encore la chimère de la république. » Déjà de proche en proche l'Europe s'était prononcée en faveur du nouveau gouvernement : la cour pontificale, celle de Suède, quelques princes d'Allemagne, avaient donné l'exemple, bientôt suivi par toutes les grandes puissances ; enfin, le 2 novembre 1830, le roi d'Angleterre avait dit à son parlement : « La branche aînée de la maison de Bourbon ne règne plus en France, et le duc d'Orléans a été appelé au trône avec le titre de *roi des Français.* Ayant reçu du nouveau souverain l'assurance de son désir sincère d'entretenir la bonne intelligence et de maintenir inviolables tous les engagements subsistants, je n'ai point hésité à continuer mes relations diplomatiques et amicales avec la France. » Au 1er janvier 1831, le corps diplomatique, par l'organe du nonce, avait adressé pour la première fois à Louis-Philippe, au nom de tous les souverains, des vœux, officiels sans doute, mais auxquels les circonstances donnaient un caractère assez significatif. Il est vrai que le roi n'avait rien négligé pour inspirer à l'Europe une crainte salutaire des forces de la France : dès le mois de septembre, deux lois avaient successivement appelé 148,000 hommes sous les drapeaux. La révolution belge prouvait à l'Europe de quel poids pouvait être la France dans la lutte possible des peuples européens contre leurs vieilles dynasties. Qui l'avait opérée cette révolution ? L'exemple de la France avait suffi pour la faire éclater ; son voisinage seul et ses vœux pour la faire réussir. Et aux yeux de l'Europe n'était-ce pas déjà quelque chose de bien puissant qu'un roi créé le 7 août 1830 qui pouvait le 3 fév. 1831 refuser pour son fils la couronne des Belges. La réponse que Louis-Philippe adressa à la députation du congrès de Bruxelles offre ces belles paroles : « Ce ne sera jamais la soif des conquêtes ou l'honneur de voir une couronne placée sur la tête de mon fils qui m'entraînera à exposer mon pays au renouvellement des maux que la guerre entraîne à sa suite, et que les avantages que nous pourrions en retirer ne sauraient compenser, quelque grands qu'ils fussent d'ailleurs. Les exemples de Louis XIV et de Napoléon suffiraient pour me préserver de la funeste tentation d'ériger des trônes pour mes fils, et pour me faire préférer le bonheur d'avoir maintenu la paix à tout l'éclat des victoires que, dans la guerre, la valeur française ne manquerait pas d'assurer de nouveau à nos glorieux drapeaux. » Quelques mois après la Belgique avait pour roi Léopold, duc de Saxe-Cobourg ; et le mariage de ce prince avec l'aînée des filles de Louis-Philippe devait assurer en 1832 l'influence de la France sur ce nouveau royaume. L'indépendance de la Belgique et sa séparation de la Hollande avaient été reconnues par les grandes puissances. La France avait obtenu que le royaume des Belges ne fît pas partie de la confédération germanique ; et les places élevées à grands frais depuis 1815 pour menacer nos frontières, et non pour protéger la Belgique, avaient été démolies. Heureux Louis-Philippe, si sa sympathie toute française pour la Pologne avait pu obtenir les mêmes résultats ! Mais il fallait ou se placer envers toute l'Europe dans la même position que Bonaparte après Waterloo, ou se contenter de négocier en faveur de nos nobles amis de Varsovie. Les devoirs du roi des Français envers la France l'emportèrent; et, après avoir offert sa médiation, Louis-Philippe provoqua celle des grandes puissances. Les malheurs de la Pologne ont prouvé qu'elles n'obtinrent pas plus que n'avait obtenu la France. Les troupes de l'empereur d'Autriche avaient envahi les légations romaines. Louis-Philippe, voyant que ses réclamations à cet égard restaient sans effet, fit, par un heureux coup de main, occuper Ancône, ce qui, depuis lors, nous a donné un pied en Italie; et les Autrichiens ont évacué les états romains. Des traités de commerce avaient été conclus ou renouvelés avec les États-Unis, avec les républiques du Mexique et d'Haïti. Le gouvernement de don Miguel ayant violé envers des Français les droits de la justice et de l'humanité, une escadre française, embossée dans les eaux du Tage, avait fait capituler don Miguel, et, au mois de juillet 1831, les bâtiments de guerre portugais étaient au pouvoir de la France, le pavillon tricolore flottait sur les murs de Lisbonne; tout se préparait pour l'établissement du gouvernement de dona Maria. Cependant, le traité du 15 novembre 1831, qui devait consommer la séparation de la Belgique et de la Hollande, restait sans exécution de la part du roi de Hollande. Louis-Philippe, pour remplir les engagements contractés envers la Belgique, envoya une flotte à l'embouchure de l'Escaut. La valeur de nos troupes, animée par la présence des jeunes ducs d'Orléans et de Nemours, fit, malgré l'expérience et la loyauté du vieux général Chassé, tomber en notre pouvoir la citadelle d'Anvers. En même temps, Louis-Philippe se réunissait aux grandes puissances pour garantir l'emprunt grec, rempart essentiel de la royauté toute nouvelle d'Othon Ier. — Mais la France était loin d'être tranquille au dedans : ici se placent les troubles de juin dans Paris à l'occasion des obsèques du général La-

marque; de nouveaux mouvements légitimistes dans la Vendée, la présence de la duchesse de Berri dans ce pays, son arrestation, les diverses circonstances de sa détention à Blaye; enfin la première tentative d'assassinat contre le roi des Français (19 novembre 1833), comme il se rendait au corps législatif. L'établissement royal de juillet semblait compromis. Heureusement pour Louis-Philippe qu'en perdant Casimir Perrier il n'avait perdu qu'un bras ferme. Placé par les acclamations du peuple au timon de l'état, il ne se laissa effrayer ni par les factions, ni par les dangers personnels, ni par la médiocrité ou les faux systèmes des hommes d'état que la flottante majorité des chambres l'ont mis dans le cas de prendre ou de laisser. L'ordonnance qui mettait Paris en état de siége fut sans doute une mesure dictatoriale, mais elle réussit; elle réussit, et la fortune avait voulu qu'en juillet 1830 l'application de l'article 14 de la charte perdît une dynastie ! Dans ces journées non moins décisives de juin, les prisons s'encombrèrent de la foule des républicains, mêlés de quelques royalistes; dès lors, l'émeute des rues fut décimée, et Louis-Philippe crut pouvoir dire aux chambres, le 19 novembre 1832 : « La république et la contre-révolution ont été vaincues. » Lui-même avait payé de sa personne, il avait parcouru avec calme le théâtre de l'émeute, alors que la lutte n'était pas encore terminée, et, comme il le dit encore aux députés : « Il fut assez heureux pour que sa présence hâtât le terme de la sédition. » Bientôt le combat recommença à Lyon et dans les rues de Paris, au mois d'avril 1834 : ç'a été, jusqu'à ce jour du moins, le dernier effort de l'émeute des rues. Depuis cette époque, l'administration, qu'elle présente les noms de Broglie, de Guizot, de Molé, ou bien ceux de Soult, de Gérard ou de Thiers, a marché dans les voies d'un gouvernement ferme, et qui sait abattre toutes les résistances. La législation sur les associations, sur les crieurs publics, sur les détenteurs d'armes, a été rendue plus rigoureuse; la police a étendu son immense réseau sur les sociétés secrètes ; elle a poursuivi dans l'ombre l'émeute qui fuyait le grand jour ; d'éclatants procès ont été faits, soit à la presse, soit aux conspirateurs; nul sang n'a été versé ; mais la prison et l'exil ont comprimé, dispersé tout ce qu'il y avait de plus redoutable parmi les hommes qui dans un sens ou dans un autre auraient voulu imposer au gouvernement une marche différente. Cependant, les affaires de la Péninsule occupaient toute l'attention de Louis-Philippe. En 1834, le roi des Français conclut avec le roi de la Grande-Bretagne, la reine d'Espagne, Isabelle II, et la reine de Portugal, dona Maria, un traité ayant pour but de maintenir la royauté constitutionnelle dans la Péninsule, sans toutefois avoir recours à l'intervention armée. Entreprise difficile, projet contradictoire peut-être, et dont n'a pas mal su profiter le prétendant don Carlos. Chaque jour cette question d'Espagne se complique davantage; elle est devenue tellement grave pour la France que déjà, autour de Louis-Philippe, qui ne s'en émeut pas, il en est résulté des chutes et des formations de ministère. Cependant, le 28 juillet 1835, avait commencé une série de nouveaux dangers pour la personne de Louis-Philippe. L'assassinat remplaçait l'émeute ; et l'attentat de Fieschi changea en un jour de deuil l'un des anniversaires des trois journées. La Providence veilla sur le roi, mais on vit périr à ses côtés l'illustre maréchal Mortier, qui lui était devenu cher depuis leur communauté de commandement dans le département du Nord en 1815. Cet attentat rallia autour de Louis-Philippe bien des esprits; la chambre s'empressa de fournir à son gouvernement de nouveaux moyens de consolider l'ordre public. L'heureuse expédition de Mascara soutenait en Afrique la gloire des armées françaises, et honorait le duc d'Orléans, qui y avait pris sa part de fatigues et de dangers. Heureuse la France si la mésintelligence élevée entre le commandant supérieur d'Alger et les ministres du roi n'eût pas

compromis la gloire de nos armes devant Constantine ! En cette circonstance comme devant Anvers, comme à Mascara, Louis-Philippe avait voulu voir ses fils payer leur dette à la patrie, et partager les périls des autres enfants de la France. Parlerons-nous encore de cette ridicule querelle avec un canton de la Suisse, qui se termina dès que la parole sage du roi des Français put arriver par un organe calme à nos bons et susceptibles alliés d'Helvétie ? Et cette échauffourée de Strasbourg, où la haute clémence du roi envers le neveu de Napoléon fut si mal comprise par l'esprit de parti ! Rappellerons-nous enfin le différend prêt à s'engager entre la France et les États-Unis, et que terminèrent l'intervention de l'Angleterre et l'abandon de quelques millions? La tâche serait au-dessus de nos forces. Nous détournerions également les yeux des deux derniers assassinats tentés contre la personne de Louis-Philippe, si, à cet importun souvenir, ne se rattachait celui d'une ineffable clémence envers Meunier. Il nous reste à montrer le roi protégeant l'instruction publique et imprimant par tout le royaume une impulsion libérale à l'éducation primaire, sans exclure aucune méthode. La liberté dont jouit l'enseignement, dans les colléges comme dans les facultés, n'a jamais été plus grande; aussi, personne ne songe à en abuser. Cette liberté ne peut se comparer qu'à celle dont jouissent les ministres du culte dans leurs attributions. Les hautes facultés ont été dotées de chaires nouvelles; les séminaires sont florissants; l'institut a été agrandi d'une classe réservée aux philosophes et aux publicistes. Partout, depuis six ans, les travaux publics ont été poussés avec une activité merveilleuse; et Louis-Philippe a su employer à embellir Paris les bras que l'émeute destinait à démolir son trône. Partout des monuments surgissent, et, ce qui vaut mieux, partout l'on s'occupe de mettre la dernière main aux monuments commencés. Déjà, l'arc de triomphe et la Madeleine sont achevés; de vastes bâtiments s'élèvent dans le Jardin-du-Roi, l'immense clôture de la Halle-au-Vin s'achève ; Paris admire ses nouveaux ponts, ses nouveaux quais, et dix lieues d'égouts ont, dans un si court intervalle, été ajoutés aux quatre lieues que possédait déjà la capitale. Par ses travaux d'embellissement et de restauration à Fontainebleau, et surtout à Versailles, Louis-Philippe a montré qu'il se rappelait avec émulation une des plus belles gloires de Napoléon. Enfin, au moment où nous achevons cet article, une ordonnance d'amnistie (mai 1837) est venue réjouir la France, et inaugurer le mariage prochain de l'héritier du trône.